P. Furcy, L. Houblain, R. Vi

CAHIER D'EXERCICES

Daniel et Valérie

Nouvelle édition revue par
V. Paturaud, B. de Sagazan

Illustrations
E. De Castro

Ce cahier d'exercices est complémentaire de la méthode de lecture **Daniel et Valérie**.

Grâce à ce cahier, votre enfant met en application ce qu'il a appris avec la méthode.

Toutes les activités – dire, lire, écrire, colorier – sont simples et progressives. Elles ont été conçues pour donner à votre enfant le goût d'apprendre et le plaisir de comprendre.

Au centre de ce cahier, vous trouverez une série d'étiquettes-mots à découper et une présentation détaillée de la méthode.

Édition : C. Ledoux – Maquette : T. Méléard
 – ISBN : 978-2-09-186116-6

Sommaire

■ **Je relie.**

valérie	•	•	bobi
bobi	•	•	valérie
daniel	•	•	papa
maman	•	•	maman
papa	•	•	daniel

■ **J'écris.**

a ____________________

i ____________________

maman ____________________

■ **Je lis / je colorie / j'écris.**

valérie	bobi	daniel
v . lérie	bob .	d . niel

2

i *i*

■ **Je relie / je souligne les i en rouge.**

la pie	•	•	*valérie*
le nid	•	•	*la pie*
valérie	•	•	*le nid*
bobi	•	•	*bobi*

■ **J'écris.**

i ______

ni ______

nid ______

■ **Je lis / je colorie / j'écris.**

la pie	le nid	bobi
la p . e	*le n . d*	*bob .*

o o

Je relie / je souligne les o en rouge.

la moto •	• bobi
le pot •	• la moto
le bol •	• le pot
bobi •	• le bol

J'écris.

o ____________________

i ____________________

bo ____________________

bobi ____________________

Je lis / je colorie / j'écris.

le bol

le b . l

le pot

le p . t

la moto

la m . t .

4

U u

■ **Je relie / je souligne les u en rouge.**

le mur •	• la lune
une mule •	• une mule
la lune •	• une écurie
une écurie •	• le mur

■ **J'écris.**

u

l

une

une mule

■ **Je lis / je colorie / j'écris.**

le mur

le m . r

une mule

. ne m . le

la lune

la l . ne

5

a a

■ **Je relie / je souligne les a en rouge.**

la mare	•	•	valérie
le canard	•	•	papa
valérie	•	•	la mare
papa	•	•	le canard

■ **J'écris.**

a

l

la

la mare

■ **Je lis / je colorie / j'écris.**

le canard

le c . n . rd

la mare

l . m . re

papa

p . p .

e e

■ **Je relie / je souligne les e en rouge.**

le petit	•	•	une cerise
un renard	•	•	une mule
une mule	•	•	un renard
une cerise	•	•	le petit

■ **J'écris.**

e

l

le

le petit

■ **Je lis / je colorie / j'écris.**

le renard

l . r . nard

une mule

un . mul .

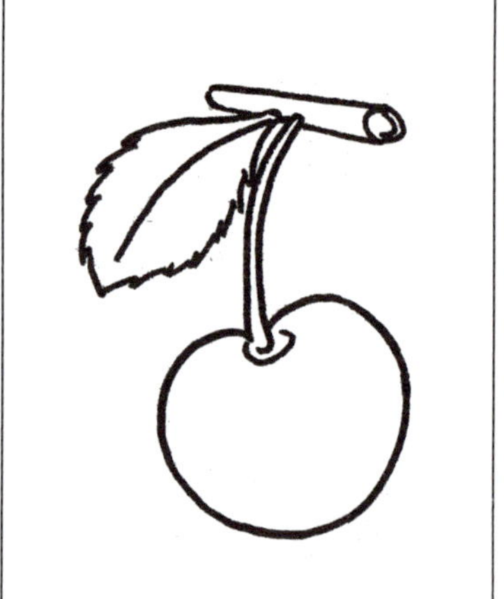

une cerise

un . c . ris .

7

é è ê   é è ê

■ **Je relie / je souligne les é en rouge, les è et ê en bleu.**

un bébé	•	•	la tête
la tête	•	•	un bébé
le pré	•	•	la chèvre
la chèvre	•	•	le pré

■ **J'écris.**

é ______

ê ______

è ______

bé ______

le bébé ______

■ **Je lis / je colorie / j'écris.**

le b . b .   la t . t .   la ch . vr .

8 l ℓ

■ **Je lis / j'entoure les (l) en rouge.**

valérie lit dans l'allée.

lulu est dans la lune.

■ **J'écris.**

l ______

l i ______ li ______

l u ______ lu ______

l o ______ lo ______

il ______

elle ______

■ **Je complète / je colorie.**

la . . ne   le . . t   l'a . . . e

9

p *p*

■ **Je lis / j'entoure les (p) en rouge.**

papa passe près du pré.

la petite pie a pris un épi.

■ **J'écris.**

p

p a *pa*

p o *po*

p e *pe*

p u *pu*

papa

pépé

■ **Je complète / je colorie.**

la . . le *un . . ll* *un . . t*

10

t *t*

■ **Je lis / j'entoure les (t) en rouge.**

bobi trotte sur le tapis.

toto a une petite tête.

■ **J'écris.**

t

t i — *ti*

t u — *tu*

t a — *ta*

t o — *to*

toto

têtu

■ **Je complète / je colorie.**

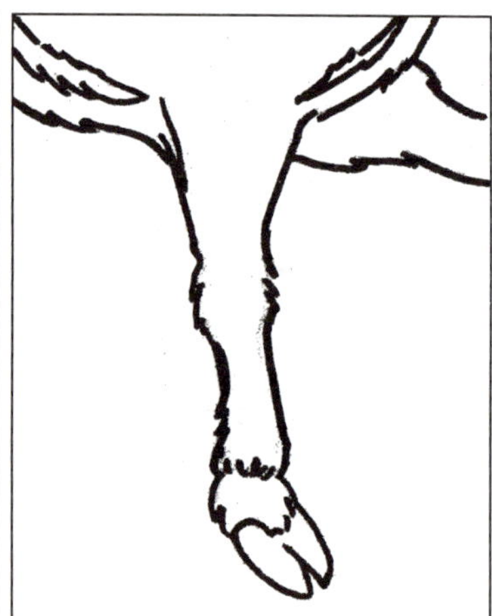

une . . lipe *une mo . .* *la pa . . .*

1

r r

Je lis / j'entoure les (r) en rouge.

Valérie arrive près de la mare.

Papa a vu un renard près de la rivière.

J'écris.

r

r a ra

r u ru

r o ro

r e re

la rue

le rat

Je complète / je colorie.

un . . ti la . . vière la . . . . e

12

s 𝓈

■ **Je lis / j'entoure les (s) en rouge.**

Sarah a semé de la salade.

Bobi a sali la tasse.

■ **J'écris.**

s

s a sa

s i si

s e se

s o so

ses

une tasse

■ **Je complète / je colorie.**

une . . lade . . x le . . leil

3

m m

■ **Je lis / j'entoure les (m) en rouge.**

Maman ramasse une pomme.

Mon ami Momo est malade.

■ **J'écris.**

m

m u mu

m e me

m i mi

m a ma

ma maman

un ami

■ **Je complète / je colorie.**

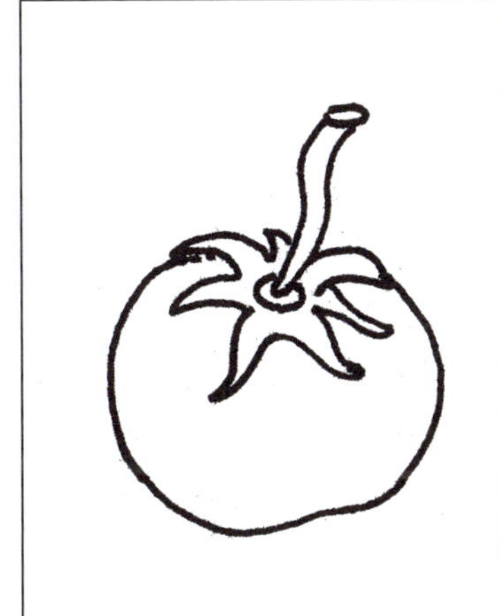

une to. . te une po. . . de la f. . . e

14

V v

■ **Je lis / j'entoure les (v) en rouge.**

Valérie va vite près de la rivière.

Papa va vers la ville sur son vélo.

■ **J'écris.**

v

v e ve

v o vo

v a va

v u vu

vite

un vélo

■ **Je complète / je colorie.**

une . . che une . . . . . . une . . . . . .

15

f f

■ **Je lis / j'entoure les (f) en rouge.**

La petite fille a vu de la fumée dans la forêt.

Daniel est dans le fossé près de la ferme.

■ **J'écris.**

f

f u — *fu*

f i — *fi*

f e — *fe*

f o — *fo*

la fille

il file

■ **Je complète / je colorie.**

une . . sée — *la . . rêt* — *une . . e*

16

ou ou

■ **Je lis / j'entoure les (ou) en rouge.**

La petite poule rousse est dans la cour.

Valérie joue à la poupée avec son amie Loulou.

■ **J'écris.**

o u ______ ou ______

lou ______ pou ______

tou ______ rou ______

sou ______ mou ______

vou ______ fou ______

la cour ______

une poule ______

■ **Je complète / je colorie.**

la . . . pée une . . . pie un . . . p

17

n n

■ **Je lis / j'entoure les (n) en rouge.**

Papa est revenu sur le canot avec Daniel.

Valérie a mis une nappe sur le piano.

■ **J'écris.**

n

n i ni

n a na

n o no

n e ne

un nid

la lune

■ **Je complète / je colorie.**

une . . ppe un pia . . un . . .

18

d d

■ **Je lis / j'entoure les (d) en rouge.**

Daniel s'est perdu dans la forêt.

À midi, il y a de la salade et des radis.

■ **J'écris.**

d

d u du

d i di

d a da

d o do

midi

une dame

■ **Je complète / je colorie.**

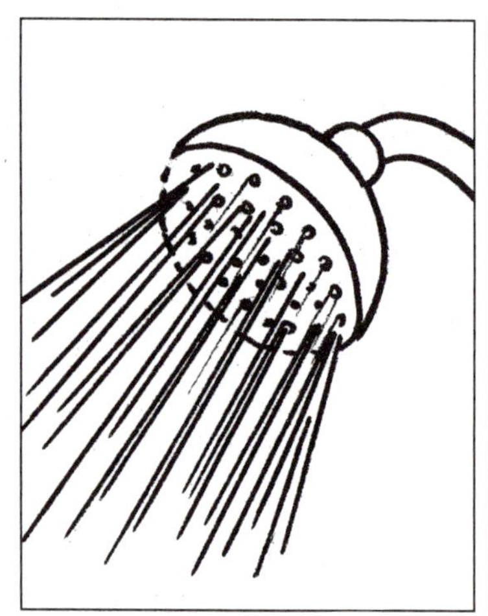

une . . . che un . . des . . . . s

19

j *j*

■ **Je lis / j'entoure les (j) en rouge.**

Jeudi Janine a mis sa jolie jupe.

Je joue dans le jardin avec Julie.

■ **J'écris.**

j

j a *ja*

j e *je*

j i *ji*

j u *ju*

il joue

un joujou

■ **Je complète / je colorie.**

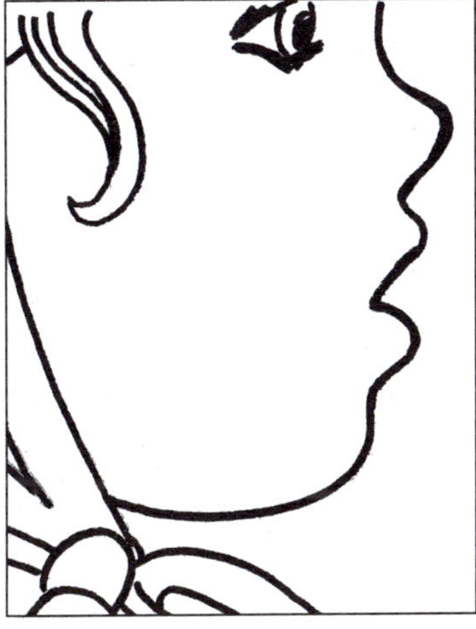

des . . tons *une . . . .* *la . . . .*

20

b *b*

■ Je lis / j'entoure les (b) en rouge.

Babette a mis sa belle robe.

Le bébé joue à la balle avec Bobi.

■ J'écris.

b ____________

b o ____________ *bo* ____________

b a ____________ *ba* ____________

b u ____________ *bu* ____________

b i ____________ *bi* ____________

le bébé ____________

une balle ____________

■ Je complète / je colorie.

une . . nane

un . . .

un . . . . ron

g *g*

■ **J'écris.**

g

ga *gu*

go *gou*

la gare

une gomme

■ **Je complète avec les bonnes syllabes.**

une ba . . . *la fi . . re* *les lé . . mes*

le . . . ter *un . . teau* *il . . lope*

■ **J'écris / je colorie.**

une . . . . . *des . . . .* *une . . . . . .*

■ **Je numérote les étiquettes dans l'ordre pour faire une phrase et je la recopie.**

le gâteau		goûte		Valérie	1	de Maman.	

Valérie

22

c q c q

■ **J'écris.**

c ______ q ______

co ______ qui ______

cou ______ que ______

le coq ______

l'école ______

■ **Je complète avec les bonnes syllabes.**

un . . be   l'é . . rie   le . . nard

une é . . le   . . . tre   . . cori . .

■ **J'écris / je colorie.**

des . . . . .   un . . . . . .   le . . .

■ **Je numérote les étiquettes dans l'ordre pour faire une phrase et je la recopie.**

quatre		cubes.		Daniel	1	avec		joue	

Daniel ______

23

ch h *ch h*

■ **J'écris.**

ch ______ h ______

cha ______ ha ______

chi ______ hi ______

un chat ______

un hibou ______

■ **Je complète avec les bonnes syllabes.**

une . . . vre un . . . peau un . . . val

la dou . . . la mou . . . une . . tte

■ **J'écris / je colorie.**

une . . . . une . . . . . . un . . . . . .

■ **Je numérote les étiquettes dans l'ordre pour faire une phrase et je la recopie.**

du chou.		La chèvre	1	s'approche		blanche	

La chèvre ______

24

tr br fr... tr br fr...

■ **J'écris.**

trou ______ bra ______

fri ______ cra ______

dra ______ cro ______

un livre ______

des frites ______

■ **Je complète avec les bonnes lettres.**

la . . avate les . . iffes des . . aps

le . . icot la . . ebis une a . . obatie

■ **J'écris / je colorie.**

une . . . . la . . . . un . . . .

■ **Je numérote les étiquettes dans l'ordre pour faire une phrase et je la recopie.**

Fabrice	1	les fraises		adore		à		la crème.	

Fabrice ______

Étiquettes-mots

Infos parents

Ces étiquettes-mots sont à **découper**. Elles permettent à votre enfant de s'exercer à **reconnaître des mots** et à **construire des phrases**. Il peut s'amuser aussi à **refaire des phrases de la méthode**. Incitez-le ensuite à les **coller** sur une feuille. Après la leçon 20, fabriquez les étiquettes avec votre enfant. Vous trouverez p. III les **étiquettes-syllabes** à utiliser leçon 8 du livre.

1

valérie	daniel	bobi	papa	maman	et

2

valérie	maman	bobi	daniel	papa	la pie
joue	avec				

3

valérie	bobi	daniel	papa	la moto	la pie
joue	trotte	avec			

4

la mule	valérie	bobi	daniel	l'écurie	la pie
est	joue	dans	avec		

5

le canard	la mule	la pie	l'écurie	la mare	est
joue	trotte	dans			

6

le renard	la mule	la pie	bobi	l'écurie	la mare
repart	est	trotte	à	dans	avec

7

la chèvre	la bête	le bébé	le pré	l'écurie	la mare
bêle	est	trotte	dans	près de	à

8

la mule	valérie	il	elle	la ferme	l'allée
l'écurie	lit	est	repart	à côté de	près de
dans					

9

papa	la pie	papi	l'allée	la ferme	l'écurie
passe	part	repart	près de	à côté de	dans

10

toto	daniel	tata	le petit âne	la petite bête
le petit bébé	joue	trotte	est	avec

la	le	li	lo	lu	lé
pa	pe	pi	po	pu	pé
ta	te	ti	to	tu	té

Pour bien utiliser Daniel et Valérie, le livre et le cahier d'exercices.

Vous trouverez ici tous les conseils nécessaires pour la mise en pratique de cette méthode complète et efficace.
Lisez-les attentivement.
Dans le livre figurent aussi des conseils adaptés à chaque leçon.

■ N'allez pas trop vite !

Apprendre à lire et à écrire en français demande du temps et de la patience. La langue française est en effet assez difficile comparée à d'autres langues. Pourquoi ? Parce qu'à un même son peuvent correspondre des écritures très différentes. Par exemple le son « o » peut s'écrire *o, au, eau*… Inversement, une même lettre peut être prononcée différemment. Par exemple la lettre *s* se lit « s » dans *sac* mais « z » dans *rose* et elle ne s'entend pas dans *radis* (on dit alors qu'elle est « muette »).
Il ne faudra donc pas vous étonner si votre enfant hésite, se trompe ou même paraît oublier parfois ce qu'il a appris la veille.
L'entraînement régulier mais léger est la base d'un apprentissage réussi. Il vaut mieux un quart d'heure détendu chaque jour qu'une heure quand « vous avez le temps ». À un rythme raisonnable, vous aborderez en moyenne **une leçon et demie par semaine** (deux au maximum en période de vacances), en comptant les activités du livre de lecture et les exercices du cahier.

■ Prévoyez le matériel nécessaire et de bonnes conditions de travail.

Il vous faut bien sûr le livre de lecture, le cahier d'exercices, mais aussi un cahier de brouillon (ou des feuilles blanches), un crayon à papier, une gomme, des feutres ou des crayons de couleur pour les coloriages, des ciseaux à bout rond et de la colle pour les jeux d'étiquettes.
Installez-vous de façon confortable avec votre enfant sur une table à sa hauteur. Alternez des moments où vous le guidez et d'autres où vous le laissez « se débrouiller » (pour les coloriages, par exemple, qui sont très importants pour que votre enfant s'approprie son cahier).

■ Associez toujours la lecture et l'écriture.

La lecture et l'écriture se complètent pour permettre à votre enfant de comprendre les mécanismes de l'alphabet.
J'apprends à lire avec Daniel et Valérie est une méthode syllabique mixte. Qu'est-ce que cela veut dire ? En lecture, on part du mot pour repérer des « morceaux » de mots – les syllabes – puis dans ces syllabes, les lettres qui les composent. En écriture, le « mouvement » va dans le sens inverse – on écrit des lettres que l'on assemble pour faire des syllabes puis des mots. Ensuite, bien sûr, avec les mots connus, on lit ou on écrit des phrases.
Dans cette méthode, on commence par l'étude des voyelles *i, o, a*… car les consonnes sont plus difficiles à identifier pour l'enfant.
Il n'est pas facile au début pour votre enfant d'associer l'écriture d'imprimerie – celle du livre – à l'écriture manuscrite, dite aussi « écriture attachée ». Cette méthode propose de fréquents passages de l'une à l'autre permettant de les comparer.

■ DÉROULEMENT TYPE D'UNE LEÇON DANIEL ET VALÉRIE.

L'exemple choisi est celui de la leçon 8 pages 18-19 du livre de lecture et page 10 du cahier d'exercices, mais la même démarche s'applique aux autres leçons.
Une leçon est abordée en **quatre séances de vingt minutes** environ chacune.

1re SÉANCE — Du mot à la syllabe : livre, page de gauche.

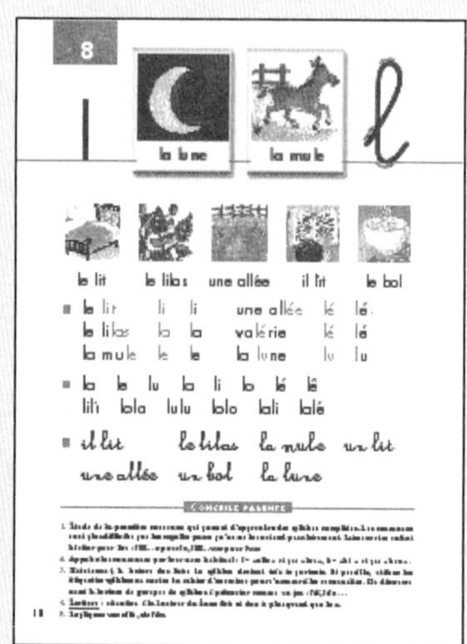

- **Observation des deux images du haut de la page.**

Dialoguez avec votre enfant : « Qu'est-ce que tu vois ? », « Qu'est-ce que c'est ? » ou « Qui est-ce ? »...
Trouvez avec lui les mots correspondants et lisez-les.
Repérez avec lui les lettres en rouge.
Montrez-lui la lettre *l*.
Cherchez avec votre enfant des mots où l'on entend « l » comme dans *lune*. Des objets ou des animaux familiers : *un livre, une lampe, un loup*..., des prénoms : *Louise, Lucien*...

- **Observation des petites images.**

Suivez la même démarche : appuyez-vous sur l'illustration pour trouver le mot. Relisez les mots plusieurs fois dans des ordres différents, et à la fin, cachez les images avec un carton.

- **Décomposition du mot en syllabes.**

Commencez par lire le mot complet.
Pour chaque mot, procédez ensuite de la façon suivante : « dans *lilas*, il y a combien de morceaux (de « syllabes ») ? Écoute bien, **li - las**... : 2 morceaux, le 1er c'est **li**, le 2e c'est **las**. »
Vous pouvez lui faire compter les morceaux de mots en tapant dans vos mains ou avec un crayon sur la table.
Ensuite, repérez avec lui la syllabe en rouge dans le mot : « le 2e morceau en rouge c'est ***la***, **l-a**, ça fait **la** ». Répétez ensemble plusieurs fois : « ***le lilas***, **li–las** / **la** /**l-a** / **la** ».

- **Lecture rapide de syllabes et de groupes de syllabes.**

Lisez plusieurs fois dans l'ordre et dans le désordre, en montrant la syllabe avec le doigt. Présentez-lui la lecture des groupes de syllabes comme un jeu. Ces groupes, volontairement, n'ont pas de signification. Mais leur lecture permet à votre enfant de bien retenir le « système » consonne – voyelle.

- **Lecture des étiquettes-syllabes (à partir de la leçon 8).**

Vous les trouverez au centre du cahier d'exercices. Découpez-les. Deux types d'activités sont possibles avec ces étiquettes :

➪ *Jeu des mots et des syllabes*
Choisissez une syllabe et demandez à votre enfant de trouver des mots contenant cette syllabe : la -> *lapin, lavabo*, etc. Inversement, dites des mots et demandez à votre enfant de montrer la ou les bonnes syllabes : *livre* -> li, *lapin* -> la, etc.

➪ *Jeu des syllabes et des lettres*
Montrez une syllabe et demandez à votre enfant de nommer les lettres qui la composent : **la** -> **l-a** ; **li** -> **l-i**, etc. Et inversement : **l-e** -> **le**.

N.B. : À partir de la leçon 11, vous fabriquerez vous-même les étiquettes-syllabes.

2e SÉANCE — De la lecture à l'écriture : livre, page de gauche et cahier d'exercices.

● Observation de la lettre manuscrite dans le livre.

Commencez par observer avec votre enfant la lettre manuscrite (en écriture « attachée ») en haut à droite. Suivez le tracé indiqué par les flèches avec son doigt. Reproduisez ce tracé en grand dans l'espace, sur la table, sur le cahier de brouillon ou une feuille blanche. Attention, il est important de répéter plusieurs fois ces gestes dans le bon sens.
De nombreuses lettres s'écrivent dans le sens inverse des aiguilles d'une montre.

● Lecture des mots en écriture attachée dans le livre.

Lisez les mots en bas de la page plusieurs fois dans l'ordre et dans le désordre. Si nécessaire, cherchez le même mot en écriture d'imprimerie dans la page.

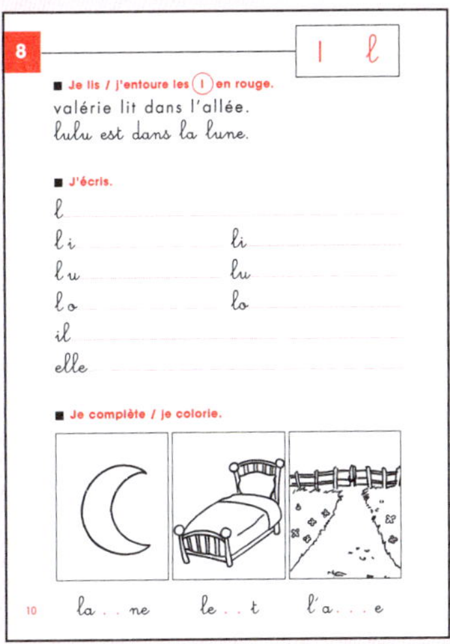
8 — l ℓ

■ Je lis / j'entoure les (l) en rouge.
valérie lit dans l'allée.
lulu est dans la lune.

■ J'écris.
l
li li
lu lu
lo lo
il
elle

■ Je complète / je colorie.

10 la . . ne — le . . t — l'a . . . e

● Cahier d'exercices : exercice 1 (observation).

Lisez les phrases à votre enfant et laissez-le entourer ou souligner la bonne lettre au feutre rouge.

● Cahier d'exercices – exercice 2 (graphisme).

Observez bien avec lui les modèles. Utilisez le crayon à papier. Si nécessaire, laissez votre enfant s'exercer sur un cahier de brouillon. Attention aux différentes hauteurs des lettres.

Par exemple :

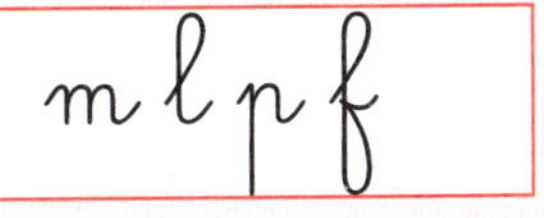

● Cahier d'exercices – exercice 3 (mots à compléter).

Faites-lui identifier l'illustration. Complétez avec lui le mot au crayon à papier. Laissez-le colorier l'image à sa guise.

3e SÉANCE — Du mot à la phrase et au texte : livre, page de droite.

● Lecture de la phrase « de référence » (phrase encadrée).

Commencez par observer la grande image avec votre enfant. Dialoguez avec lui : « Qu'est-ce que tu vois ? Qui reconnais-tu ? »
Guidez-le pour l'amener au plus près de la phrase encadrée, si nécessaire en lui « soufflant » les mots qu'il ne connaît pas. Par exemple : « Oui c'est vrai, c'est une prairie. On dit aussi un pré » - « C'est plus grand qu'un âne, c'est entre le cheval et l'âne – ça s'appelle une mule ».
Faites-lui lire plusieurs fois la phrase encadrée puis relisez certains mots en les montrant avec son doigt.

la mule est dans le pré à côté de la ferme.
la mule est à côté de la ferme dans le pré.

1. valérie lit près de la ferme.
2. elle lit dans le pré.
3. daniel est dans la lune.
4. la chèvre bêle dans l'écurie.
5. valérie est dans l'allée de lilas.

la mule	lit	à côté de	la ferme.
valérie	est	près de	l'allée.
il / elle	repart	dans	l'écurie.

la la l' – il elle – à côté dans près de

- **Lecture de la phrase en écriture attachée.**

À partir de la leçon 7, cette phrase n'est pas exactement dans le même ordre que la phrase encadrée. Ceci, pour éviter une lecture mécanique, par cœur et pour permettre à votre enfant de comprendre que l'on peut dire la même chose en l'écrivant « autrement ».

- **Lecture de phrases variées (phrases numérotées).**

Laissez votre enfant « se débrouiller » en l'aidant seulement s'il « s'arrête » : « Tu connais déjà ce mot là – On l'a déjà lu (sur la page de gauche ou leçon précédente)… Il commence comme (tel mot)… »

4e SÉANCE — Invention de phrases :

étiquettes du livre et du cahier d'exercices.

- **Observation et lecture des étiquettes du livre (en bas de la page de droite).**

L'activité doit être présentée comme un jeu. Expliquez à votre enfant qu'il va inventer des phrases avec les étiquettes en prenant une étiquette dans chaque colonne.
Volontairement, les cadres sont de couleurs différentes : rouge pour les noms, bleu pour les verbes, noir pour les « petits mots », vert pour les adjectifs.
Bien sûr, vous n'emploierez pas ces termes grammaticaux avec votre enfant.
Vous pouvez d'abord lire avec votre enfant toutes les étiquettes, colonne par colonne, puis lui demander de fabriquer une phrase, puis une autre, etc.

- **Utilisation des étiquettes du cahier (au centre).**

Les étiquettes sont en écriture attachée pour les mettre en correspondance avec l'écriture d'imprimerie du manuel.
Vous les découperez leçon par leçon.
Demandez à votre enfant de disposer les étiquettes en quatre colonnes comme dans le livre.
Ensuite, faites-lui dire une phrase (ou deux) qu'il veut fabriquer avec ces étiquettes. Amenez-le à composer la phrase sur la table (relisez-la plusieurs fois et corrigez ses erreurs de prononciation si nécessaire), puis à la coller sur son cahier de brouillon ou sur une feuille. Votre enfant peut ensuite recopier la phrase s'il le souhaite et l'illustrer.

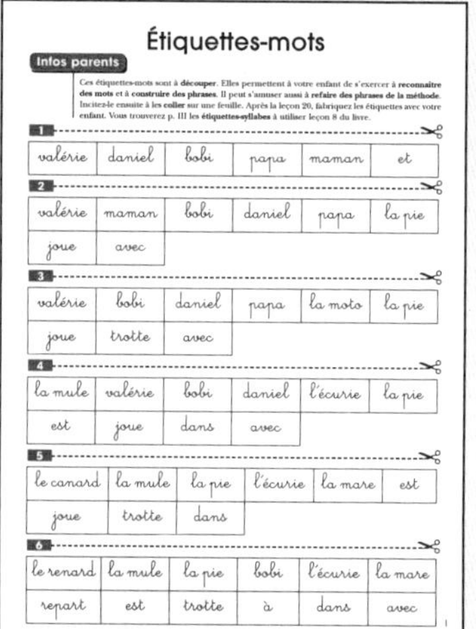
Étiquettes-mots

Infos parents

Ces étiquettes-mots sont à **découper**. Elles permettent à votre enfant de s'exercer à **reconnaitre des mots** et à **construire des phrases**. Il peut s'amuser aussi à **refaire des phrases de la méthode**. Incitez-le ensuite à les **coller** sur une feuille. Après la leçon 20, fabriquez les étiquettes avec votre enfant. Vous trouverez p. III les **étiquettes-syllabes** à utiliser leçon 8 du livre.

1
valérie	daniel	bobi	papa	maman	et

2
valérie	maman	bobi	daniel	papa	la pie
joue	avec				

3
valérie	bobi	daniel	papa	la moto	la pie
joue	trotte	avec			

4
la mule	valérie	bobi	daniel	l'écurie	la pie
est	joue	dans	avec		

5
le canard	la mule	la pie	l'écurie	la mare	est
joue	trotte	dans			

6
le renard	la mule	la pie	bobi	l'écurie	la mare
repart	est	trotte	à	dans	avec

- **Apprentissage des « petits mots » et révision.**

On termine la séance en apprenant par cœur ces petits mots (on les appelle souvent à l'école des « mots outils ») très fréquents en français, mais assez difficiles à lire : *et, dans, sur, à côté de, près de,* etc. Faites-lui lire ces mots en bas de la page de droite du livre. Cherchez avec lui dans quelle phrase ils sont employés (dans la leçon ou les leçons précédentes).
Toutes les 10 leçons, **J'apprends à lire avec Daniel et Valérie** propose deux séances de révisions complètes. N'avancez pas trop vite si vous constatez que votre enfant « peine » dans ses séances de révision.

Bonne lecture !

L'équipe pédagogique de

11

Valérie	Le renard	Le rat	la rivière	la mare
la maison	passe	est	arrive	sur
à côté de	près de			

12

Valérie	Bobi	Toto	l'allée	le soleil	la rivière
passe	est	arrive	sur	sous	dans

13

Maman	Valérie	Mamie	des pommes	des tomates
de la salade	des cerises	des mûres	des tomates	
ramasse	a	a pris	et	

14

Bobi	La vache	La chèvre	la rivière	l'allée	
l'écurie	est	va	va vite	près de	à côté de
dans					

15

La fille	La fée	Papa	la ferme	l'écurie	la forêt
file	est	est assis	vers	à côté de	près de

16

des fourmis	des loups	des poules	la route	la cour

la forêt	Il y a	Il a vu	Elle a vu	sur	près de
dans					

17

Daniel	Nanou	Annie	sa mère	son frère	sa fille

est venu(e)	est venu(e)	est revenu(e)	près de	à côté de
avec				

18

La dame	Daniel	Papa	la rivière	la cour	la ferme
dort	dîne	joue	près de	dans	à côté de

19

Julie	Valérie	Maman	jupe	jouets	jardin
un joli	une jolie	des jolis	a mis	a pris	a vu

20

Bobi	Le bébé	Valérie	balle	biberon	bottes
une belle	un bon	des belles	a	a vu	a bu

25 bl cl pl... bl cl pl...

■ **J'écris.**

blé ______ cli ______

pli ______ gla ______

plu ______ flo ______

un clou ______

une table ______

■ **Je complète avec les bonnes lettres.**

des . . umes une . . ûte une . . aque

une ta . . . un para . . uie l'éta . . e

■ **J'écris / je colorie.**

une . . . . . une . . . . . une . . .

■ **Je numérote les étiquettes dans l'ordre pour faire une phrase et je la recopie.**

Blanche	1	la glace		a mis		la table.		sur	

Blanche ______

26

oi *oi*

■ **J'écris.**

oi ____________________

loi __________ *doi* __________

poi __________ *moi* __________

le soir ____________________

les étoiles ____________________

■ **Je complète avec les bonnes syllabes.**

les . . . x *une pi . . . ne* *une . . . re*

mes . . . gts *du . . . vre* *il a . . . . d*

■ **J'écris / je colorie.**

le . . . *le . . . .* *. . . . .*

■ **Je numérote les étiquettes dans l'ordre pour faire une phrase et je la recopie.**

sur		trois		Je calcule	1	fois		trois		mes doigts.	

Je calcule ____________________

27

eu œu *eu œu*

■ **J'écris.**

eu ____________ veu ____________

feu ____________ meu ____________

œu ____________ nœu ____________

le feu ____________

un nœud ____________

■ **Je complète avec les bonnes lettres.**

une fl . . r   mon c . . . r   ma s . . . r

bl . .   un b . . . f   j . . di

■ **J'écris / je colorie.**

un . . . .   un . . . . . .   les . . . .

■ **Je numérote les étiquettes dans l'ordre pour faire une phrase et je la recopie.**

a mis		bleu		dans		ses cheveux.		un nœud		Valérie	1

Valérie ____________

28

on om *on om*

■ **J'écris.**

on ______ om ______

fon ______ von ______

pom ______ lon ______

un pont ______

une pompe ______

■ **Je complète avec les bonnes syllabes.**

du sa . . . un mou . . . une . . brelle

une mai . . . un bibe . . . une chan . . .

■ **J'écris / je colorie.**

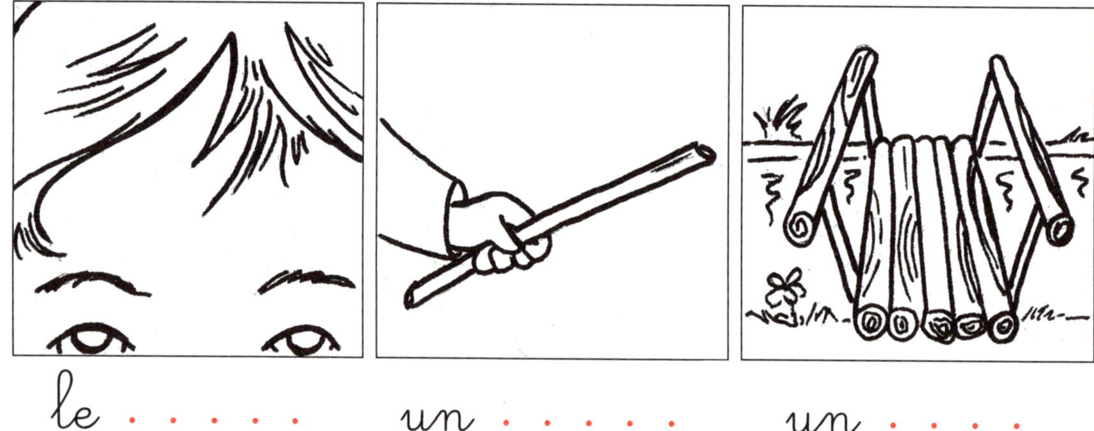

le . . . . . un . . . . . un . . . .

■ **Je numérote les étiquettes dans l'ordre pour faire une phrase et je la recopie.**

est		la maison.		Pompon	1	de		à l'ombre	

Pompon ______

au eau = o

■ **J'écris.**

au .... eau ....

fau .... jau ....

teau .... beau ....

une auto ....

un bateau ....

■ **Je complète avec les bonnes lettres.**

un f . . ve une ép . . le un gât . . .

un crap . . d des chev . . x un ruiss . . .

■ **J'écris / je colorie.**

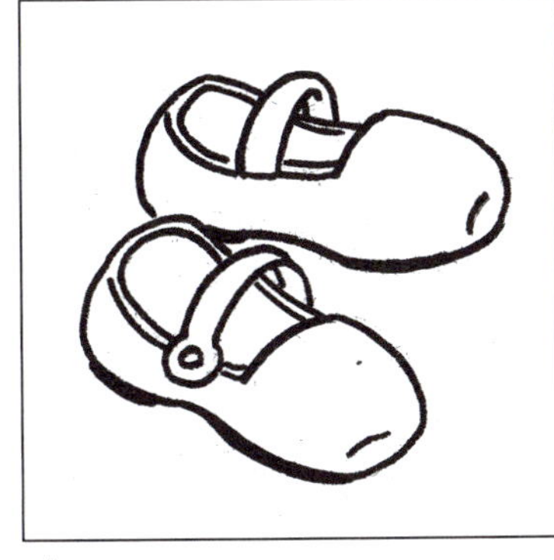

des . . . . un . . . . un . . . .

■ **Je numérote les étiquettes dans l'ordre pour faire une phrase et je la recopie.**

beau		un		a		manteau		Pauline	1	jaune.	

Pauline ....

30

er or ir... eur our oir...

■ **J'écris.**

ver ______ por ______

mur ______ car ______

loir ______ four ______

un canard ______

une porte ______

■ **Je complète avec les bonnes lettres.**

un mouch . . . un m . . une t . . tue

la m . . une fl . . . la f . . me

■ **J'écris / je colorie.**

un . . . une . . . . une . . . . . .

■ **Je numérote les étiquettes dans l'ordre pour faire une phrase et je la recopie.**

Le canard	1	la ferme.		la cour		de		traverse	

Le canard ______

es as is… ec ac ic…

■ **Je complète avec les bonnes lettres.**

la v. . te une c. . cade un s. . de blé

un c. . tume le b. . du canard le l. . tre

■ **J'écris / je colorie.**

un . . un . . . un . . .

■ **Je complète les phrases.**

Le soir, Papa, ôte sa ____________ .

Le canard tire un ver avec son ____________ .

Maman a acheté un ____________ de pommes.

■ **Je réponds aux questions par une phrase.**

Où Papa va-t-il poster ses lettres ?

Papa ____________

Quel bruit fait la montre ?

La montre ____________

ai ei = ê

■ **Je complète avec les bonnes lettres.**

la l. . ne la n. . ge une bal. . ne
la ch. . se la r. . ne la sem. . ne

■ **J'écris / je colorie.**

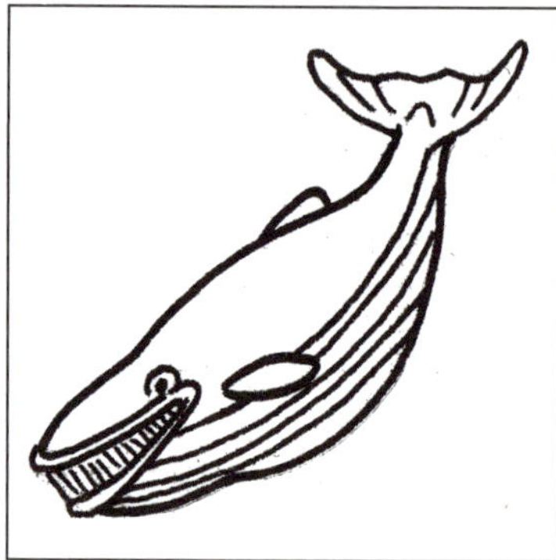

de la . . . . . . la . . . . . . une . . . .

■ **Je complète les phrases.**

Valérie connaît les sept jours de la ________________.

Dix plus six, ça fait ________________.

Daniel est assis sur une ________________.

■ **Je réponds aux questions par une phrase.**

Avec quoi le canard vole-t-il ?

Le canard ________________________________

Avec quoi Valérie fait-elle ses nattes ?

Valérie ________________________________

3

in im *in im*

■ **Je complète avec les bonnes lettres.**

le chem. .   un gam. .   un élève . . poli

le mat. .   un automobiliste . . prudent

■ **J'écris / je colorie.**

un . . . . .   un . . . . . .   un . . . . . .

■ **Je complète les phrases.**

Papa décore le ________ de Noël.

La fermière a des poules et des ________.

Dix plus dix, ça fait ________.

■ **Je réponds aux questions par une phrase.**

Où Papa cultive-t-il des légumes ?

Papa ________

Si Vincent est malade, chez qui va-t-il ?

Il va ________

an en *an en*

■ **Je complète avec les bonnes lettres.**

un b . . c *du j . . bon* *un t . . bour*

un . . fant *de l' . . cre* *la t . . pête*

■ **J'écris / je colorie.**

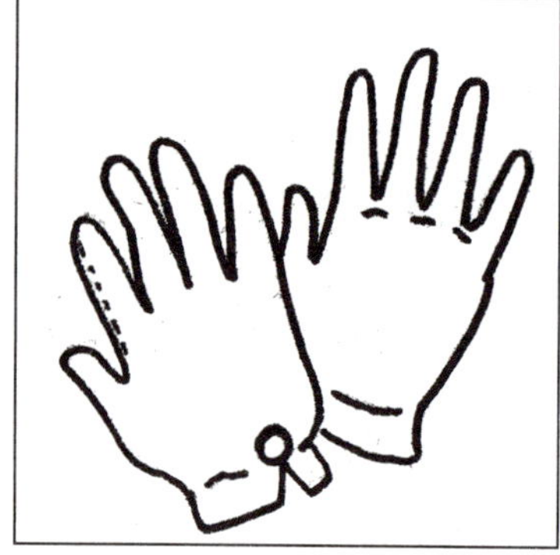

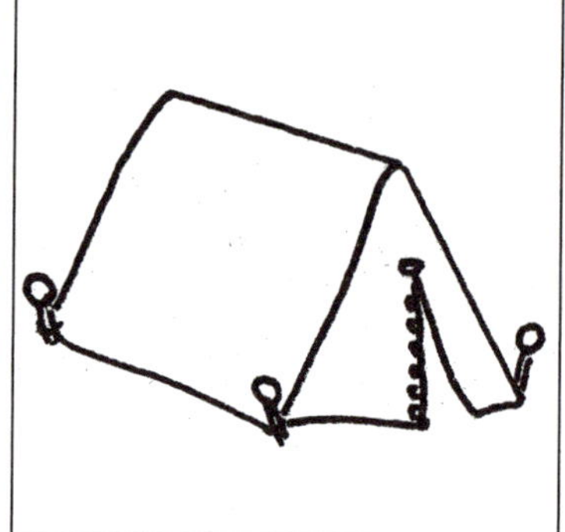

des . . . . . *une . . . . .* *une . . . . .*

■ **Je complète les phrases.**

Valérie a mis un ____________ bleu dans ses cheveux.

Il y a du ____________ et de la pluie !

Quel mauvais ____________ !

■ **Je réponds aux questions par une phrase.**

S'il fait nuit, qu'est-ce que tu allumes ?

S'il fait nuit ____________

Si Daniel a froid aux mains, qu'est-ce qu'il met ?

Il met ____________

s = z

■ **Je complète avec les bonnes lettres.**

la chemi. .   du rai. . .   le vi. . ge

mon voi. . .   ma voi. . . .   la mu. . que

■ **J'écris / je colorie.**

un . . . . . .   une . . . .   des . . . .

■ **Je complète les phrases.**

Le rouge-gorge est un petit ______________ .

Papa se rase avec un ______________ électrique.

Do, ré, mi, fa... Daniel joue de la ______________ .

■ **Je réponds aux questions par une phrase.**

Où travaille une vendeuse ?

Une vendeuse ______________

Avec quoi fabrique-t-on le vin ?

On fabrique ______________

36

C Ç = S

■ Je complète avec les bonnes lettres.

de la gla . .   une ra . . ne   le méde . . .

la le . . .   un gar . . .   un . . . time

■ J'écris / je colorie.

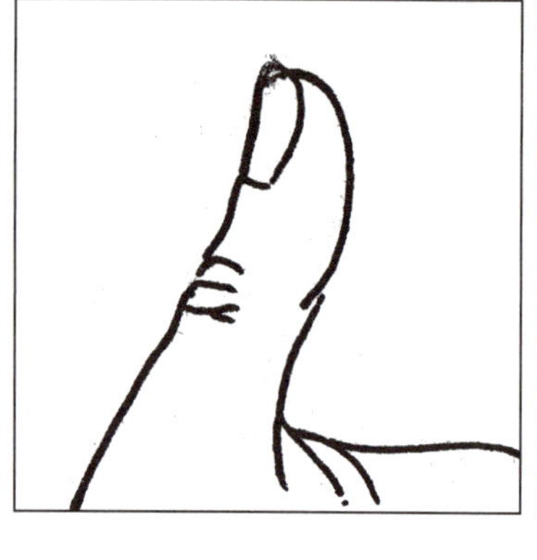

le . . . . .   un . . . . . .   une . . . .

■ Je complète les phrases.

Cédric a vu des clowns dans un ______________.

Après novembre, c'est le mois de ______________.

Patrice apprend sa ______________ de calcul.

■ Je réponds aux questions par une phrase.

Où Daniel va-t-il voir un film ?

Daniel ____________________________________

Quatre plus un, ça fait combien ?

Quatre ____________________________________

7

g = j

■ **Je complète avec les bonnes lettres.**

une pa . .   une . . rafe   une ran . . .

une fille coura . . . . .   un plon . . . .

■ **J'écris / je colorie.**

un . . . . .   une . . . . . .   le . . . . .

■ **Je complète les phrases.**

Le drapeau français est bleu – blanc – ______________ .

Rouge et jaune, ça fait ______________ .

Gérard s'est écorché le ______________ .

■ **Je réponds aux questions par une phrase.**

Où sont enfermés les animaux du cirque ?

Les animaux ______________________________

Qui répare les voitures ?

C'est le ______________________________

Z *z*

■ **Je complète avec les bonnes lettres.**

le ga. . . du jardin un lé. . . d on. .

c'est bi. .rre dou. . un chimpan. .

■ **J'écris / je colorie.**

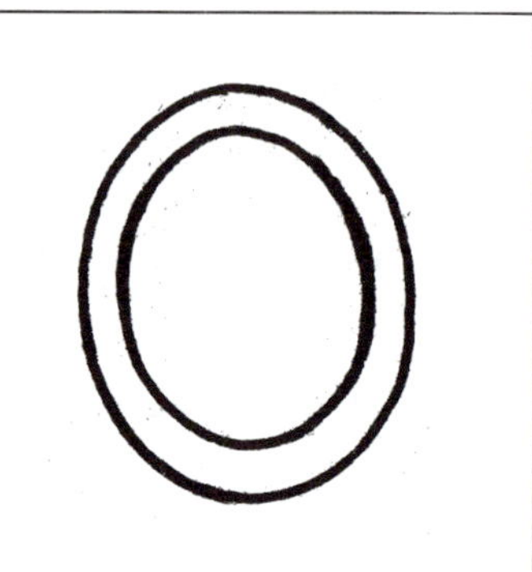

une . . . . un . . . .

■ **Je complète les phrases.**

Le trapéziste se balance sur son ______.

Papa fait la cuisine sur une cuisinière à ______.

Le lion a attrapé une ______.

■ **Je réponds aux questions par une phrase.**

Où pousse le riz ?

Le riz ______

Six et six, ça fait combien ?

Six et ______

9

gn *gn*

■ **Je complète avec les bonnes lettres.**

la campa. . .   un champi. . . .   une li. . .

ma si. . .ture   il est mi. . . .   une cigo. . .

■ **J'écris / je colorie.**

une . . . .   *un* . . . . .   *une* . . . .

■ **Je complète les phrases.**

Tu peux prendre un bain dans la ______________ .

Il est arrivé premier, il a ______________ la course.

Si tu es malade, il faut te ______________ .

■ **Je réponds aux questions par une phrase.**

Où habitent les cultivateurs ?

Les cultivateurs ______________________________

Comment s'appelle un petit mouton ?

Un petit ______________________________

k qu ch = k

■ **Je complète avec les bonnes lettres.**

un . ilo une mar . . . un . imono

une . . alité un . épi une . . orale

■ **J'écris / je colorie.**

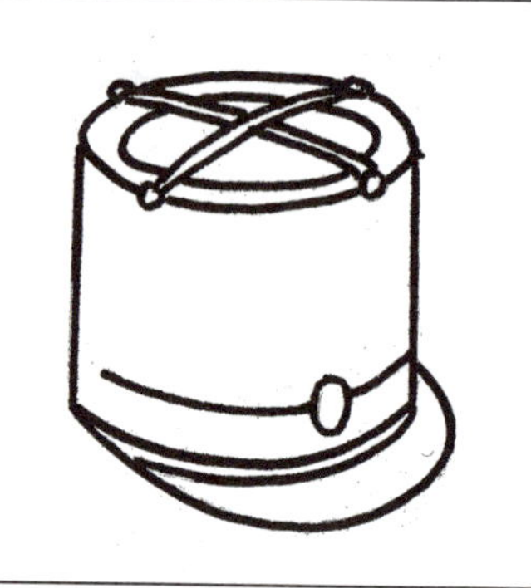

un . . . . un . . . . une . . . . . .

■ **Je complète les phrases.**

Catherine achète un ____________ d'oranges.

Bobi agite sa ____________ parce qu'il est content.

Valérie chante dans la ____________ de l'école.

■ **Je réponds aux questions par une phrase.**

Qu'est-ce qu'il faut mettre pour faire du karaté ?

Il faut ____________

Deux et deux, ça fait combien ?

Deux et ____________

1

ain ein... = in

■ **Je complète avec les bonnes lettres.**

le tr. . .   la p. . . ture   des fr. . . . s

un terr. . .   le parf. .   l. . di

■ **J'écris / je colorie.**

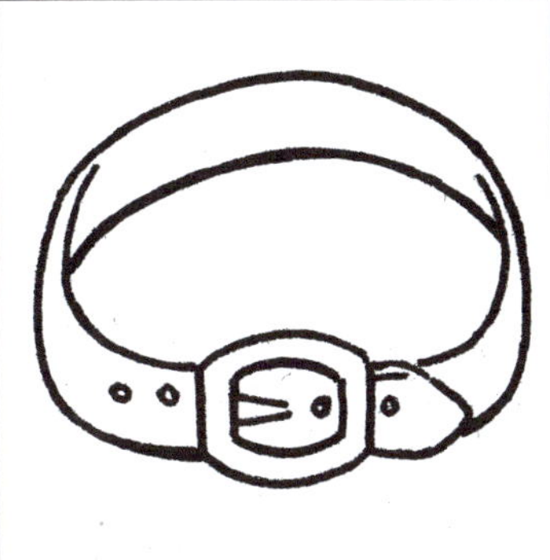

du . . . .   du . . . . . .   une . . . .

■ **Je complète les phrases.**

La jument trotte à côté de son petit ______________.

Il a les cheveux noirs, il est ______________.

J'adore le dessin et la ______________.

■ **Je réponds aux questions par une phrase.**

Que vend la boulangère ?

La boulangère ______________________________

Que met Maman pour sentir bon ?

Elle met ______________________________

er ez... = é

■ **Je complète avec les bonnes lettres.**

le bouc . . . un cache-n . . un pomm . . .

les pi . . s le dîn . . ven . . vite !

■ **J'écris / je colorie.**

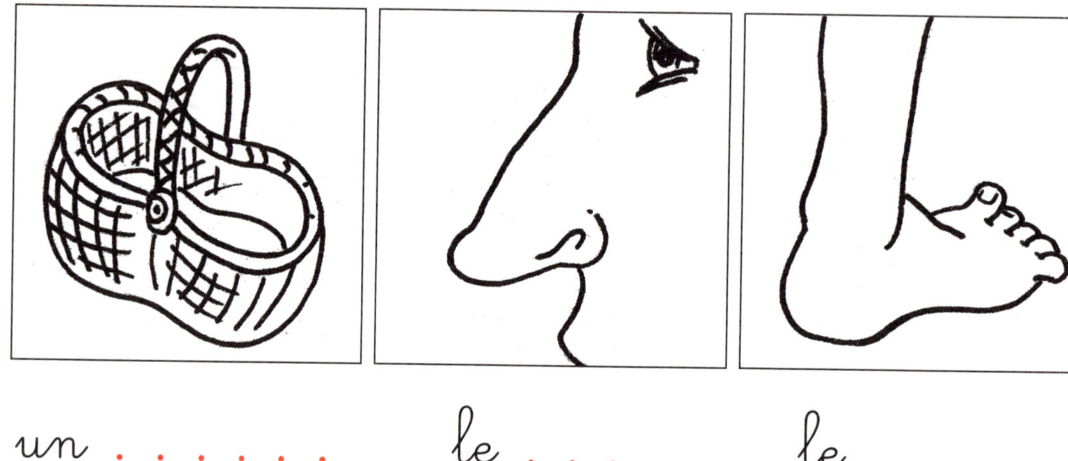

un . . . . le . . . le . . . .

■ **Je complète les phrases.**

Les pommes poussent sur un ________ .

Ce soir je vais ________ chez des amis.

Mes souliers me font mal aux ________ .

■ **Je réponds aux questions par une phrase.**

Chez qui achète-t-on de la viande ?

On achète ________

Qui répare les chaussures ?

C'est le ________

3

et erre... = ê

■ **Je complète avec les bonnes lettres.**

un paqu . .   du poul . .   une pi . . . .

une brou . . . .   la fic . . . .   la vit . . . .

■ **J'écris / je colorie.**

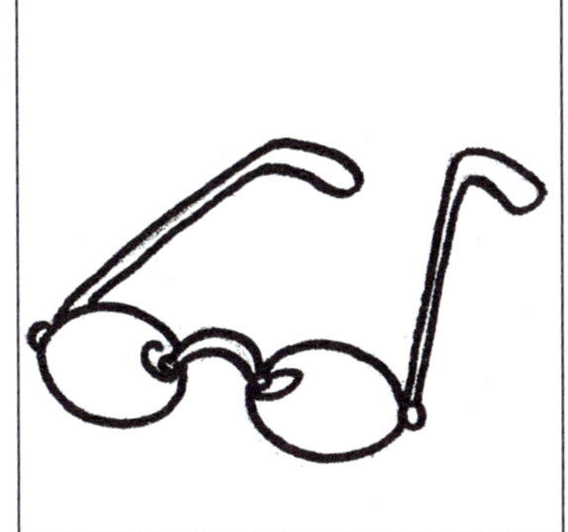

des . . . .   un . . . de . . . . .   une . . . .

■ **Je complète les phrases.**

Le jardinier creuse la terre avec une ________ .

Mets le couvert ! N'oublie pas les a ________ ,

les f ________ et les v ________ .

■ **Je réponds aux questions par une phrase.**

Dans quoi bois-tu ?

Je bois ________

Dans quoi manges-tu ?

Je mange ________

44

ien ion… ien ion…

■ **Je complète avec les bonnes lettres.**

un av. . . un music. . . une émiss. . .

la rad. . un mend. . . t c'est très b. . .

■ **J'écris / je colorie.**

un . . . . . . une . . . . . . un . . . . . .

■ **Je complète les phrases.**

Bobi est un joli petit ________________ .

Tu préfères la ________________ ou le poisson ?

Mets ta valise sur le ________________ à bagages.

■ **Je réponds aux questions par une phrase.**

Comment s'appelle la femelle du chien ?

La femelle ________________________________

Où regardes-tu les dessins animés ?

Je regarde ________________________________

5

tion tie... = s

■ **Je complète avec les bonnes lettres.**

une addi. . . .   une acroba. . .

la pa. . . . ce   fais atten. . . . !

elle est minu. . . . se   les ini. . . les

■ **J'écris / je colorie.**

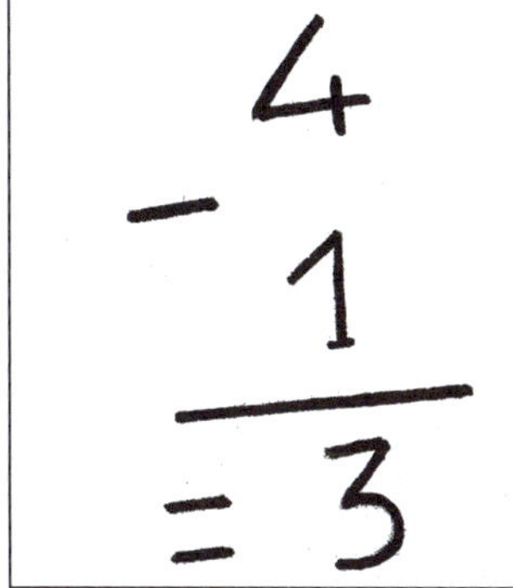

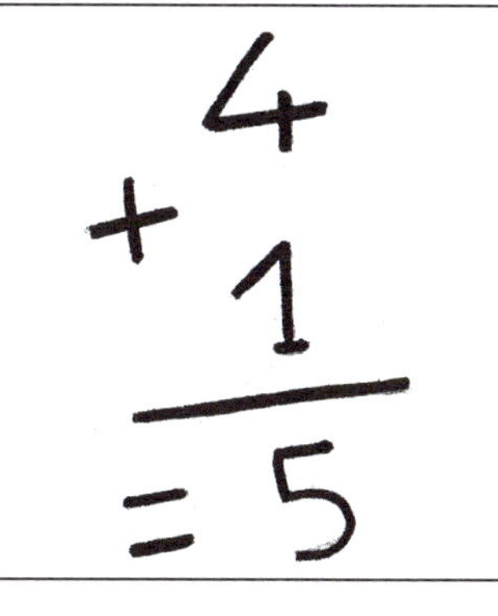

une . . . .   un avion à . . . .   une . . . .

■ **Je complète les phrases.**

La maîtresse ne se fâche jamais, elle est très ________________.

Le petit avion fait des ________________ dans le ciel.

■ **Je réponds aux questions par une phrase.**

À quel moment peux-tu jouer à l'école ?

À l'école ________________

Quel sport fait-on à la piscine ?

À la piscine ________________

46

ille aill... = ye

■ **Je complète avec les bonnes lettres.**

la van. . . .   un ca. . . ou   la boute. . . .

la fam. . . .   la grenou. . . .   des qu. . . . s

■ **J'écris / je colorie.**

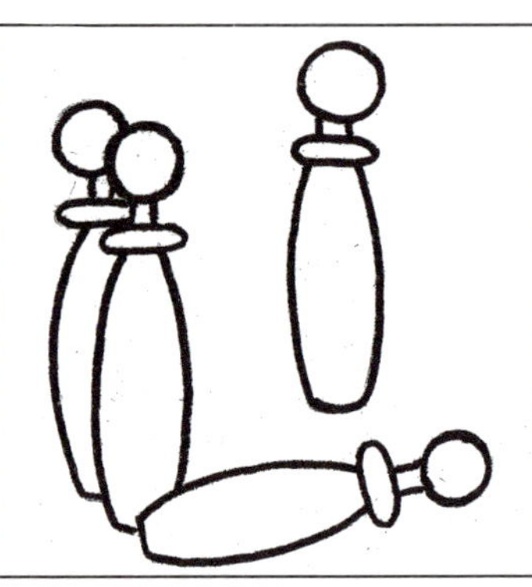

l' . . . .   une . . . .   des . . . .

■ **Je complète les phrases.**

À la piscine, je mets mon ______________ de bain.

Daniel est un garçon et Valérie est une ______________ .

Mireille aime les glaces à la ______________ .

■ **Je réponds aux questions par une phrase.**

Quel est l'animal qui donne du miel ?

C'est ______________________________________

Quand il grandit, le têtard devient quel animal ?

Il devient ______________________________________

ph = f

■ **Je complète avec les bonnes lettres.**

un photogra. . . le télé. . . ne un . . . re

un élé. . . . t un dau. . . . l'al. . . bet

■ **J'écris / je colorie.**

a b c d e f g
h i j k l m n
o p q r s t
u v w x y z

le . . . . . un . . . . l'. . . . .

■ **Je complète les phrases.**

Au zoo, Stéphane a vu un ____________ .

Papa achète des pellicules chez un ____________ .

A, b, c, d, e, f…, c'est ____________ .

■ **Je réponds aux questions par une phrase.**

Où Maman achète-t-elle des médicaments ?

Maman ____________

Qu'est-ce qui éclaire la mer la nuit ?

C'est le ____________

ail eil… = y

■ **Je complète avec les bonnes lettres.**

le trav . . . un appar . . . le faut . . . .
un évent . . . le sol . . . un chand . . .

■ **J'écris / je colorie.**

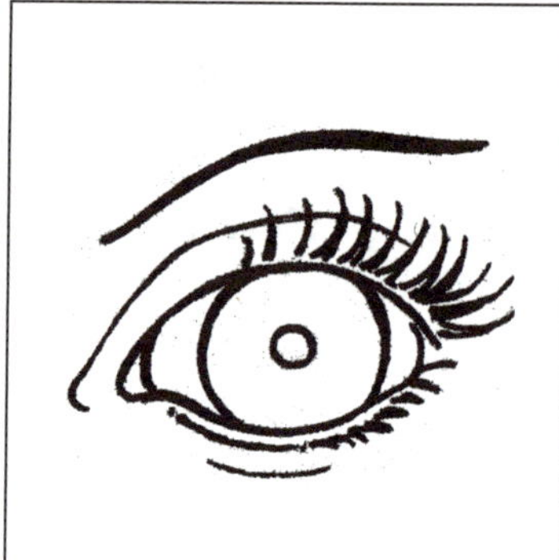
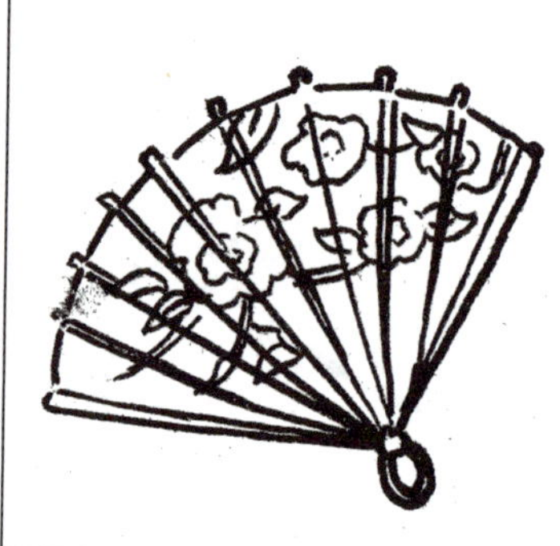

l' . . . . un . . . . un . . . .

■ **Je complète les phrases.**

Quand le ______________ sonne, il faut se lever.

Je ne veux pas dormir, je n'ai pas ______________.

Papa lit le journal assis dans un ______________.

■ **Je réponds aux questions par une phrase.**

Qu'est-ce qui brille dans le ciel bleu ?

C'est le ______________________________

Comment appelle-t-on les doigts de pied ?

On les appelle ______________________________

x

■ **Je complète avec les bonnes lettres.**

c'est e. . ct ! une . . plosion la bo. . .

le deu. . ème un . . emple un ta. .

■ **J'écris / je colorie.**

un . . . . . . un . . . .

■ **Je complète les phrases.**

Xavier a fait une faute dans son __________ de calcul. Trois plus trois, ça fait __________ .

Maman a pris un __________ pour aller à la gare.

■ **Je réponds aux questions par une phrase.**

Quel sport se pratique avec de gros gants ?

C'est la ____________________

Quels fruits donne le noyer ?

Le noyer ____________________

ay oy... = ii

Je complète avec les bonnes lettres.

la m. . onnaise il est j. . eux un t. . au ass. . ez-vous ! un v. . ageur un empl. . é

J'écris / je colorie.

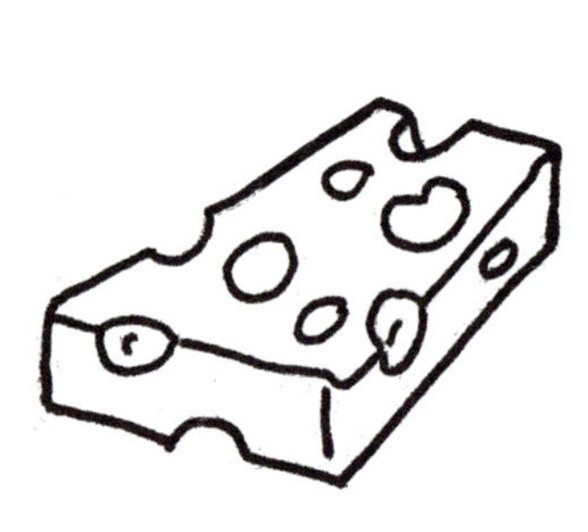

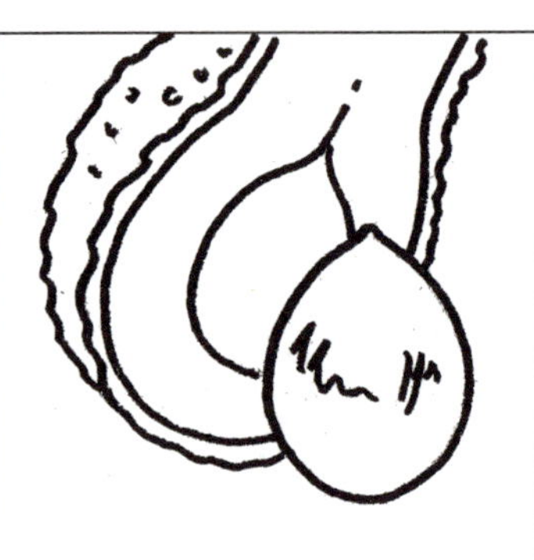

un . . . . . . du . . . . un . . . . .

Je complète les phrases.

Maman va ______________ ses courses à la caisse.

Il y a de la poussière, il faut ______________ les meubles.

Je réponds aux questions par une phrase.

Comment s'appelle le fromage plein de trous ?

Il s'appelle ______________

Comment s'appelle l'arbre qui donne les noix ?

Il s'appelle ______________

N° d'éditeur : 10142645 – JPM sa – Mai 2007 – Imprimé en Italie par CANALE